TP3
F 147

MEMOIRE

SUR UNE QUESTION
CHIRURGICALE

RELATIVE A LA JURISPRUDENCE.

MEMOIRE

SUR UNE QUESTION CHIRURGICALE

RELATIVE A LA JURISPRUDENCE.

Par M. LOUIS, Professeur & Censeur Royal de Chirurgie, Chirurgien-Major-Adjoint de l'Hôpital de la Charité de Paris.

LE traitement des Maladies qui sont du ressort de la Chirurgie n'est pas le seul objet de cet art: les connoissances qu'il exige servent à constater l'état du corps humain, en santé, en maladie, & même après la mort. Les jugemens qu'on porte sur ces différens états, peuvent éclairer les Magistrats qui surveillent à l'ordre public par la manutention des Loix : ils leur dictent souvent les décisions qui les rendent les arbitres de la vie, de la fortune & de l'état des Citoyens. S'il pouvoit y avoir un objet plus noble que la conservation de la vie & de la santé des hommes, je n'héſiterois pas à regarder l'avantage que nous avons de faire des rapports en justice, comme la plus belle prérogative de notre profession : c'en est du moins une partie très-intéreſſante, qui ſuppoſe autant de lumiéres que de probité & de déſintéreſſement. Elle demande une application difficile des principes de l'art, & des connoiſſances ſans bornes, qui, dans beaucoup de cas, dépendent moins de l'étude & de l'expérience que de la juſteſſe de l'eſprit. Il faut en effet de la ſagacité pour diſcerner, à travers une infinité d'incidens, qui jettent de l'obſcurité ſur un fait, les vérités qui en établiſſent la certitude Phyſique, ſur laquelle nous devons principalement prononcer.

L'obligation d'établir les principes, qui ſont la baſe des jugemens que les Magiſtrats doivent porter, nous aſſocie, en quelque ſorte, à leurs fonctions. Il n'eſt pas inutile de le remarquer, pour rappeller par la dignité de ces fonctions, l'idée des devoirs qu'elles preſcrivent, & pour y puiſer les motifs qui nous excitent à les remplir. Ces conſidérations doivent nous inſpirer l'amour de la juſtice & de la vérité, & nous tenir continuellement en garde contre tout ce qui pourroit y donner la plus légère atteinte. Les obstacles au bien sont en plus grand nombre que les moyens de le faire. L'ignorance sera la source des erreurs les plus préjudiciables; l'inattention aura des suites qui ne feront pas moins funestes; la prévention des fausses doctrines nous égarera dans nos assertions; l'on posera les fondemens de l'injustice, par une condescendance dangereuse, qui se déguise sous l'apparence louable du desir d'obliger. Le dirai je enfin, l'appas d'une récompense considérable, l'espoir assuré d'une puissante protection, & tant d'autres motifs, ébranleront un homme, dont la probité est mal affermie, & qui ne sçait pas préférer le témoignage d'une bonne conscience, aux biens & aux avantages de la vie. On verra dans le récit du cas particulier, qui est le sujet de ce Mémoire, à quel degré il est important de joindre aux principes les plus lumineux de notre art, l'attention aux moindres détails, & la prudence dans l'examen des divers incidens; avec quelle justesse il faut que les inductions en soient tirées; & combien on doit apporter de circonspection, dans les conséquences qu'on présente pour les fondemens d'une Question de Chirurgie légale.

Il n'y a peut-être jamais eu de causes où les rapports, les avis & consultations contradictoires de Médecins & de Chirurgiens ayent été aussi multipliés, que dans celle que le Parlement de Bourgogne a jugée le 5 Mars de l'année 1757 : nous en donnerons le précis, parce qu'elle est intéressante, & que le rapport des Membres de l'Académie Royale de Chirurgie, consultés à ce sujet, n'a pas peu contribué à déterminer l'Arrêt qui a fait droit sur une contestation fort longue & très-dispendieuse ; qu'un premier rapport fait avec plus d'attention, auroit certainement évitée.

Deux jeunes Avocats de la Ville d'Autun se promenant, sans armes ni bâtons, le 6 Septembre 1755, à 9 heures du soir, sur une place publique, un jeune homme ci-devant Mousquetaire du Roi, mit l'épée à la main contre eux ; ils le désarmerent, & l'obligerent à remettre l'épée dans son fourreau. Quelques momens après, ce jeune homme retira son épée, pour en frapper l'un des Avocats, qui détourna heureusement le coup qu'on lui portoit, & saisit son adversaire : Ils tomberent tous deux ; l'épée fut prise & jettée dans un Jardin voisin par dessus le mur. Le jeune homme désarmé appella du secours; la Garde vint avec plusieurs témoins : il leur dit qu'en poursuivant quelqu'un, il avoit fait un faux pas, & étoit tombé dans la bouë, il ne se plaignit d'aucun mauvais traitement. Depuis ce temps il parut tous les jours & à toute heure, aux promenades, dans les cercles, aux spectacles, avec les apparences de la meilleure santé, jusqu'au 21 Septembre, qu'il fut attaqué, dit-on, d'une petite vérole maligne, dont il mourut le même jour à 10 heures du soir.

Son père attribua la mort à ce qui s'étoit passé 16 jours auparavant. D'après cette idée, il intenta un procès criminel contre les deux Avocats, & les poursuivit comme coupables de l'assassinat prémédité de son fils. Quelques difficultés survenues pour le Tribunal qui connoîtroit de cette contestation en premiere instance, retarderent la visite du corps, qui ne fut exhumé que le 28 Octobre, 37 jours après la mort. Le délit ne pouvoit être établi que par le rapport des Médecins & des Chirurgiens, nommés par ordonnance du Juge. Ils certifierent avoir trouvé à la tête plusieurs contusions avec échymose, & que la plus considérable, située à la partie postérieure, contenoit un sang noir, en partie fluide. Le crâne étoit sans fracture ni enfoncement ; & il n'y avoit d'autre altération au cerveau & à ses membranes que la corruption, effet naturel du temps qui s'étoit écoulé depuis la mort. La poitrine étoit en bon état. On cite aussi des contusions aux hypocondres & aux cuisses, qu'on dit avoir été faites par un instrument contondant, comme bâtons, pierres, & autres. On déclare en outre qu'il a été impossible de reconnoître l'effet des contusions sur les viscères qui se sont trouvés pourris, ce qui a mis dans l'impuissance de décider, si les contusions sont la cause de la mort, quoiqu'elles soient très-considérables.

Les accusés ne manquerent pas d'attaquer ce rapport pour le faire déclarer irrégulier & nul, dans la forme & dans le fonds. On leur avoit fermé la voie d'un second rapport, en affectant de faire paroître à l'ouverture du corps tous les Médecins & les Chirurgiens de la Ville ; on avoit fait, suivant l'ordonnance, prêter serment à ceux qui n'étoient pas Jurés pour les rapports. Les Médecins & le Chirurgien ordinaires du défunt signerent le Procès-verbal, eux qui avoient été appellés pour lui donner des soins, aux premiers signes de sa maladie, & qui sçavoient par divers exemples que la petite vérole avoit été très-funeste cette année-là à Autun, au point que plusieurs personnes en étoient mortes, aussi promptement que leur malade. Le rapport ne fait pas mention de la petite vérole; cette omission n'a pû être réparée par la déclaration que ces mêmes Médecins & Chirurgien ont faite depuis, en déposant chacun en particulier, comme témoins, que le défunt avoit eu la petite vérole. Il ne restoit donc d'abord d'autre ressource aux accusés, que d'obtenir des consultations contraires au rapport des Médecins & des Chirurgiens de la Ville d'Autun. La cause de la mort n'y étoit pas décidée; mais l'ambiguité avec laquelle il s'exprimoit sur cette question capitale, permettoit assez la poursuite de la procédure criminelle. Ce rapport fut envoyé avec un Mémoire instructif à Paris, à Montpellier & à Nismes. La Faculté de Médecine de Paris décida, 1°. Qu'en considérant le cas du côté le moins favorable, c'est-à-dire, en supposant que les contusions eussent été l'effet de coups reçus, elles auroient formé du pus dans l'intervalle des 15 jours qui se sont écoulés entre la vie & la mort; & que d'ailleurs on ne peut pas l'imputer aux contusions de la tête, puisque l'on n'avoit trouvé dans le crâne, ni abſcès, ni épanchement, ni aucune marque de rupture de vaiſſeaux. 2°. Que les contuſions paroiſſent bien plutôt l'effet de la diſſolution des humeurs & de leur diſpoſition à la pourriture, ce qui eſt ordinaire dans les petites véroles épidémiques & malignes. 3°. Qu'on ne peut raiſonnablement attribuer la mort à d'autre cauſe qu'à la malignité de la petite vérole, & que les coups qu'on prétend avoir été reçus par le défunt, n'y ont aucune part.

Dans une ſeconde conſultation envoyée douze jours après, comme par ſupplément, les mêmes Médecins qui ont ſigné la premiere, jugerent que les termes de contuſions & d'échymoſe, employés dans le rapport & dans leur conſultation, ſont impropres; & qu'il n'eſt pas étonnant de trouver à un cadavre, 37 jours après l'inhumation, des parties plus dégénérées de la couleur & de la conſiſtance naturelle que d'autres, par l'effet de la corruption qui s'empare plus promptement de celles qui auroient été froiſſées en laiſſant tomber le corps par terre, ſans ménagement, ou en le clouant dans la biére.

Les Médecins de la Faculté de Montpellier ſentirent d'abord l'équivoque que pouvoient porter les termes de meurtrissures & d'échymose. Ils difent que les prétendues contufions, ou lividités obfervées à l'ouverture du corps, viennent de la diffolution putride du fang, comme il arrive dans les amphithéâtres anatomiques aux cadavres qui y ont féjourné plufieurs jours, & fur-tout à ceux que des fiévres malignes ou des petites véroles rentrées, ont enlevés; & qu'il n'y avoit aucune raifon d'attribuer les lividités à des coups reçus avant la mort.

Les Médecins de Nifmes, plus attentifs à quelques omiffions, auroient fouhaité qu'on eût rapporté avec quelque détail dans le Mémoire qu'on leur a communiqué, quels fymptômes avoient précédé & accompagné une mort auffi prompte. Ils blâment la légereté avec laquelle on a décidé dans le rapport, que les lividités apperçues fur le corps étoient de véritables contufions & échymofes caufées par des inftrumens contondans, puifque ceux qui font morts de maladies inflammatoires fe trouvent couverts en plufieurs endroits du corps, de taches livides qui fe manifeftent plutôt ou plus tard, fuivant les circonftances des faifons & la difpofition des fujets. On regarde la putréfaction, comme la caufe des lividités qu'on a remarquées, & l'on ajoûte que cela est d'autant plus probable, qu'elles ont paru à des parties pressées, ou rudement froissées par les parois du cercueil, qu'elles touchoient immédiatement.

Quelque spétieux que paroissent ces divers raisonnemens, on ne peut les admettre que comme des conjectures, incapables de détruire un fait bien observé, certifié par des gens de l'Art, témoins oculaires, & d'une capacité reconnue. Je ne prétends pas justifier le rapport des Médecins & des Chirurgiens d'Autun : il est évident qu'ils n'ont pas été occupés des vrais principes qui pouvoient décider la question, & prévenir les difficultés sans nombre auxquelles leur rapport a donné lieu. Mais ce qu'on y a opposé n'a pas dû porter la conviction dans l'esprit des Juges; ces consultations ont été faites à la sollicitation & d'après le Mémoire d'une des Parties : & ne sçait-on pas que dans ces sortes d'instructions, l'on épouse partialement les intérêts de ceux qu'on défend, & que l'on a grand soin de ne présenter les raisons de la Partie adverse, que de la façon qui permet, ou de les éluder, ou de les combattre avec avantage. On voit que les Consultans ont adopté le syftême qui leur a été préfenté : ils n'ont pas témoigné le moindre doute fur la vérité de l'expofition. Le pour & le contre de la queftion ne font point balancés; on ne donne aucune valeur aux faits mentionnés dans le rapport : il femble cependant que l'objet étoit affez important pour chercher à éclaircir la queftion avant que de la décider. N'auroit-on pas dû ramener les auteurs même du rapport à des principes inconteftables, en les priant de s'expliquer fur les points ambigus & indéterminés de leur rapport, & fur l'idée qu'ils attachoient à quelques termes équivoques dont ils fe font fervis? En prenant ainfi la voie de la difcuffion & de l'examen, le cahos fe feroit débrouillé, & l'on auroit évité les longueurs d'une procédure qui s'eft compliquée de plus en plus à chaque nouvelle production des Parties, par les dits & contredits qui fomentoient les difficultés.

Au lieu de pofer en fait que les lividités venoient de la putréfaction, il eût été convenable de préfenter d'une maniere claire & précife les connoiffances pofitives par lefquelles on pouvoit prononcer fur l'état de la conteftation. Il y a des marques certaines qui fervent à diftinguer les contufions faites à un homme vivant, des taches livides qui se forment peu de temps après la mort, & de la corruption qui en est un effet plus tardif: ce sont ces caractères qu'il falloit exposer; la raison & l'expérience pouvoient être réunies utilement pour dissiper toute espèce de doute sur ce point.

Les taches qui arrivent après la mort à la suite des fièvres malignes, sont fort étendues & superficielles; elles sont d'une couleur rouge foncée, purpurine, ou violettes & noirâtres; elles occupent principalement le dos & les fesses; la face, les bras & les cuisses en sont quelquefois couvertes. Elles sont l'effet de la chaleur putréfiante qui augmente après la mort, & qui pousse les humeurs à la surface du corps. Ces taches ne forment point un engorgement circonscript avec tumeur, accompagnée de dilacération & de meurtrissure subcutanée, avec du sang coagulé, ou en partie fluide, principalement vers le centre de la tumeur, comme on le remarque dans toutes les contusions, où il y a essentiellement rupture de vaisseaux. La pourriture s'empare des parties sans en rompre le tissu; elle se manifeste par des signes particuliers en différens endroits. Le bas-ventre qui est la partie la plus disposée à la putréfaction, paroît d'abord d'une couleur bleue ; on disséque beaucoup de sujets dans les Écoles anatomiques, qui sont dans ce cas : les muscles de l'abdomen sont verdâtres ; & l'on ne croit pas que le changement de couleur que ces parties contractent leur fasse perdre leur continuité, & permette jamais qu'on confonde la lividité putride, avec une contusion qui seroit pareillement atteinte de pourriture. Toutes les parties qui en sont affectées perdent leur consistance naturelle, elles noircissent, exhalent une odeur fœtide, elles laissent échapper une sérosité brune ; mais dans tous les cas, où la pourriture ne sera pas portée à un point qui rende toute espèce d'examen inutile, celui qui sera fait avec attention montrera & fera distinguer, si la continuité des parties a été détruite primitivement par une contusion, dont l'effet sur les corps vivans est de former une tumeur, avec engorgement de sang épaissi, dans toute son étendue. Voilà des principes certains qui n'induiront point en erreur des observateurs éclairés & circonspects. *Zacchias* avoit connu la vérité de ces principes. Il dit d'après *Fortunatus Fidelis*, que les taches noires & les lividités sont des marques incertaines de contufions dans le cas dont il s'agit; il préfume qu'il doit y avoir des fignes diftinctifs pour ne s'y pas méprendre; il les indique en général, & les propofe comme de fimples conjectures; parce que l'expérience, à qui feule il appartient de mettre le fceau de la certitude aux fpéculations qui ont le plus de vraifemblance, ne lui avoit pas fourni les occafions d'établir les préceptes que nous venons d'avancer. Le rapport d'Autun ne fuppofe point ces diftinctions; mais quoiqu'il ne foit pas motivé de façon à faire penfer qu'il foit l'effet d'un examen réfléchi; les Confultans ne paroiffent pas avoir eu des motifs fuffifans pour établir auffi décifivement qu'ils l'ont fait, le contraire de ce qui eft énoncé dans ce rapport.

Le fait qui y eft expofé préfente une circonftance bien remarquable, & qui fait voir, jufqu'à quel point il importe de porter l'attention, pour que la variété prefque infinie des incidens ne faffe pas illufion. Les Auteurs du rapport difent avoir reconnu à la partie poftérieure de la tête une contufion avec échymofe qui contenoit un fang noir & en partie liquide: cela ne reffemble point du tout aux taches & aux lividités qui furviennent après la mort, & dont la préfence ne peut former aucun indice de violence extérieure faite fur le Vivant : nos principes paroîtroient donc favorifer le rapport. S'il étoit permis de fubftituer des conjectures à la citation pure & fimple d'un fait, nous nous fervirions, pour l'infirmer, de l'autorité de *Felix Platerus* qui donne expreffément pour le figne diftinctif des contufions & meurtriffures, d'avec les taches livides des cadavres, que celles-là ne fe remarquent que fur les parties qui ont été froiffées par des caufes externes ; & que ces taches livides viennent indifféremment dans toutes les parties du corps, & même fous les cheveux : mais cette autorité dont *Zacchias* fait mention, n'eft point applicable au cas préfent, puifque la tête n'a pû être exceptée du nombre des parties léfées. Les connoiffances anatomiques rendroient raifon de l'éffufion du fang qui s'eft faite par l'incifion de la partie poftérieure de la tête. Ceux qui ont fait beaucoup d'ouvertures de cadavres fçavent par expérience, que la même chofe s'obferve dans tous les cas où il y a plénitude dans les vaiffeaux. On fçait que dans les derniers inftans de la vie le fang paffe des artères dans les veines, & perfonne n'ignore la communication que les veines occipitales ont avec les sinus latéraux, dans lesquels tout le sang qui a été porté au cerveau se décharge. Ainsi l'ouverture des veines occipitales peut rendre beaucoup de sang, & en imposer par un épanchement ou collection de ce fluide dans une partie contuse : l'utilité que *Riviere*, & *Zacutus Lusitanus* attribuent aux ventouses scarifiées dans le cas d'appoplexies sanguines très-violentes, est l'effet du dégorgement éfficace que ces scarifications opérent. C'est une remarque très-utile pour la pratique, que M. *Verdier* n'a point oubliée, en parlant du cerveau en général dans son traité d'Anatomie. Qu'on juge, par ces réfléxions, combien est difficile la découverte de la vérité dans certaines occasions. Les doutes qu'on auroit élevés contre le rapport, d'après ce que nous venons de dire, auroient bien eu autant de poids, que l'impossibilité prétendue que ces échymoses eussent subsisté pendant quinze jours sans qu'il s'y formât du pus. Cette doctrine n'est point conforme à l'expérience : le sang épanché se corrompt à la longue ; il excite la pourriture de la partie ; mais il ne forme jamais de pus. J'ai ouvert des contusions faites depuis plus de quinze jours, & j'en ai tiré du sang, sans la moindre altération. Quoiqu'il en soit de la contusion vraie ou supposée à l'occipital, elle n'a pû être la cause de la mort, puisque le crâne & les parties qu'il renferme ne présentoient aucun vice qu'on pût attribuer à la percussion de la tête. C'est ce qu'il falloit énoncer de la manière la moins équivoque, & par cette assertion claire & précise, la poursuite criminelle cessoit, puisque le corps du délit n'auroit point existé.

Quoique les consultations, dont nous avons donné le précis fussent tout-à-fait favorables à la cause des deux Avocats, ils ne négligerent aucun des moyens que l'art de se défendre au Bateau peut suggérer. Ils alléguérent entre autres choses, une exhumation secrette & frauduleuse du cadavre dont l'objet auroit été de faire des meurtrissures sur le corps. Quatre Chirurgiens de la Ville d'Autun présens à l'ouverture juridique du corps, & qui n'avoient pas signé le rapport, furent assignés comme témoins : les questions qu'on leur fit & les réponses qu'on leur impute sont imprimées dans un Mémoire extrajudiciaire, dans lequel on ne prendroit pas une bonne opinion de leurs lumiéres en Anatomie & en Chirurgie. Les Accusés opposerent au rapport, des observations critiques, dont le réfultat eft qu'il auroit dû fe trouver du pus dans les endroits contus, fi les contufions euffent été faites quinze jours avant la mort; & que ce qu'on a dit être des contufions, n'étoit qu'une putréfaction déterminée localement par des coups donnés fur le cadavre avant l'exhumation juridique. Malgré tous les efforts des parties intéreffées à foutenir le fait de l'exhumation clandeftine, elle n'a pû être prouvée.

Le Médecin des Hôpitaux de Châlons-fur-Saône, qui réunit à fa qualité de Docteur en Médecine de la Faculté de Montpellier, celle d'Avocat au Parlement de Dijon, entreprit de réfuter les confultations des Médecins de Paris, de Montpellier & de Nifmes. Il fe propofe, dans la réponfe qu'il a produite, de faire voir que les coups reçus ont été la feule caufe de la mort; que le défunt n'a point eu la petite vérole; & que les différens exercices auxquels il a vaqué depuis le jour de la querelle, jufqu'à celui de la mort, n'empêchent pas qu'il n'ait reçu des contufions mortelles. On trouve la preuve de la premiere propofition dans les expreffions même du rapport qui font formelles fur l'exiftence des contufions; & à l'occafion de celles qu'on a trouvées à la tête, on cite différens textes

d'*Hipocrate*, de *Municks*, & des observations sur le danger des plaies & des contusions à la tête, qui sont les plus simples en apparence. On prétend en second lieu qu'il n'y a point eu de petite vérole, puisque les Médecins & Chirurgiens, qui ont vû le malade avant sa mort, ne font aucune mention de cette maladie, à laquelle on l'attribue. 3°. Enfin l'Auteur de cette réponse soutient que le blessé a pû paroître dans le monde & faire tous les exercices d'une personne en santé, quoique les contusions qui lui ont été faites, fussent mortelles. Il a cru prouver ce paradoxe en supposant l'insensibilité des parties contuses par la mortification qui s'en étoit emparé. Il cite à ce sujet un passage du Dictionnaire de Médecine, où il est dit
« que lorsqu'en conséquence d'une con-
« tusion très-violente, tous les vaisseaux
« sont presque détruits, on ne sent point
« du tout de douleur ; mais un engour-
« dissement, une pesanteur dans la partie
« affectée, qui dénote que les nerfs sont
« détruits, ou tellement comprimés par
« les humeurs extravasées, qu'ils devien-
« nent incapables de sentiment.

L'Auteur n'a pas craint de faire paroître les Médecins de *Moliere* dans sa Dissertation. S'il étoit permis de puiser des raisons dans une pareille source sur une affaire aussi sérieuse, on auroit pû faire voir à M. de *Loisy*, le ridicule de l'application préméditée des principes généraux de l'art à des questions de faits particuliers ; dans le rôle d'un Personnage Médecin qui soutient opiniâtrément qu'un homme enterré n'est pas mort, parce qu'*Hippocrate* dit que ces sortes de maladies ne se terminent qu'au 14 ou au 21, & qu'il n'y a que six jours que cet homme est tombé malade. La réponse que je viens d'analyser, est du 2 Septemb. 1756. Trois jours après, on fit signifier une replique à cette Dissertation médicinale, qui paroît néanmoins avoir beaucoup influé sur le Jugement qu'on prononça le 10 du même mois : la Sentence condamne l'un des Avocats à un bannissement de deux ans, à l'amende envers le Roi, en dix mille livres de dommages intérêts & aux dépens. L'autre Avocat impliqué dans l'affaire pour avoir été témoin de la Rixe, & n'avoir pas empêché les voies de fait, fut condamné en deux mille livres de dommages & intérêts & aux dépens, avec injonction de s'absenter, pendant cinq ans, des assemblées & compagnies où se trouvera le pere du défunt.

L'appel de cette Sentence au Parlement de Bourgogne donna lieu à de nouveaux Mémoires. Nous laisserons les objets qui nous sont étrangers, pour ne parler que des points relatifs à notre Art. Le défenseur du père soutient la validité du rapport, & ne croit pas qu'il soit impugné par des consultations de différens Médecins, instruits, dit-il, par un Mémoire infidéle, & qui n'ont pas eu la plus légére notion de l'état du cadavre. Mais cette objection n'est pas valable, puisqu'on leur avoit communiqué le rapport, qui auroit dû être la source des connoissances les plus exactes sur cet état. Pour résoudre la difficulté, il fallut se procurer de nouveaux avis, & l'on s'adressa à des Médecins & à des Chirurgiens connus parmi les plus célébres de Paris. MM. *Falconet, Vernage, Royer, Chomel, Ferrein, Poissonnier* & *Lavirotte* signérent une consultation raisonnée dans laquelle ils décident que la mort a été causée par la petite vérole, reconnue & constatée de la maniére la plus authentique par deux Médecins & un Chirurgien qui furent appellés auprès du malade, & qui le visitérent ensemble plusieurs fois dans le même jour. Le rapport ne parut pas mériter beaucoup d'attention, par les changemens que la putréfaction avoit faits sur les parties. On blâme les Médecins & les Chirurgiens d'Autun de leur négligence à spécifier l'état des tégumens en général, & d'avoir dit affirmativement que les contusions qu'ils ont apperçues avoient été causées par des instrumens contondans. On tire un très-fort argument contre les contusions, des exercices ordinaires auxquels le prétendu Blessé n'a cessé de vaquer : tous ces faits ne pouvant se concilier, le Conseil est d'avis que les prétendues contusions ou lividités sont l'effet de la dissolution putride des humeurs ; & que dans la supposition où ces contusions auroient été causées par des coups reçus avant la mort, elles ne paroîtroient point la cause de cet événement ; parce que celles de la tête, qui, dans la supposition, auroient été les plus dangereuses, n'ont laissé aucune apparence de leur effet dans le crâne. On oppose à M. de *Loisy* que les malades attaqués de la petite vérole peuvent mourir dans l'éruption même, lorsque les pustules viennent à rentrer subitement : il avoit avancé que d'attribuer la mort à une petite vérole rentrée aussitôt après l'éruption, c'étoit établir une cause tout-à-fait imaginaire, & qu'il ne se trouve dans les Auteurs aucuns vestiges de pareilles observations : on donne la preuve du contraire par l'autorité de *Riviere*, dont on prend le texte à l'endroit même où M. de *Loisy* avoit puisé son argument.

M. *Astruc* a donné son avis à part : il établit 1°. l'existence de la petite vérole comme un fait dont on ne peut pas douter. 2°. Qu'il n'y a rien d'extraordinaire de voir mourir les malades dans l'éruption même, quand elle se fait imparfaitement. 3°. Que c'est par une prévention très-blâmable, ou par une ignorance inexcusable, qu'on a pû avancer le contraire. 4°. Qu'il est difficile d'excuser la conduite des Médecins & des Chirurgiens, qui ont osé décider & prononcer sur l'état d'un cadavre après 37 jours d'inhumation. 5°. Que pendant les 16 jours que le défunt a survêcu, le sang qu'on a trouvé dans la prétendue contusion de la partie postérieure de la tête, auroit dû être repompé, ou avoir suppuré, ou du moins avoir perdu sa liquidité, & avoir changé de couleur, par la chaleur des parties, le battement des artéres & l'influx naturel des esprits. 6°. Enfin qu'il est très-apparent & presque démontré que les contusions ou échymoses sont le

B ij

symptôme de la petite vérole mal fortie.

Dans l'attestation qu'ont signée MM. *Morand, Foubert, Guerin* & *Moreau*, on assure, d'après l'expérience, la possibilité de la mort la plus prompte par la petite vérole qui rentre, pour ainsi dire, à mesure qu'elle sort ; & que dans ces cas, l'habitude extérieure du corps se couvre de taches purpurines & de plaques livides plus ou moins larges. 2°. Qu'un homme mort 15 jours après avoir reçu des contusions mortelles, en auroit éprouvé les suites nécessaires par des accidens différens, suivant la nature & les usages des parties contuses, & qui auroient exigé les soins qu'on donne à toute personne blessée dangereusement. 3°. Que des taches violettes ou échymoses à la surface du corps, sont des marques très-incertaines de contusions, sur-tout à l'inspection d'un cadavre exhumé au bout de 37 jours, & d'un homme qui est mort de la petite vérole, maladie qui l'a rendu plus promptement susceptible des effets de la putréfaction commune à tous les corps morts. Ces trois derniers écrits sont des mois de Novembre & Décembre 1756.

La Faculté de Montpellier a raisonné sur les mêmes principes dans une Dissertation signée le 5 Janvier 1757, où l'on s'est essentiellement proposé de réfuter la critique que le Médecin de Châlons avoit faite des premieres consultations des Médecins de Paris, de Nismes & de Montpellier : il avoit voulu prouver qu'un homme peut mourir d'un coup à la tête, porté par un instrument contondant, sans aucun accident primitif, & sans fracture ni épanchement. Il avoit cité plusieurs observations que l'on fait voir tout-à-fait contraires à son systême, puisqu'il n'y a aucun de ces faits où il n'y ait eu fracture & épanchement. L'observation rapportée par M. *Littre* dans les Mémoires de l'Académie Royale des Sciences, & qui est unique dans son espéce, pouvoit former quelque difficulté, car on ne trouva à l'ouverture du crâne de l'homme, qui est le sujet de cette observation, aucun désordre bien caractérisé. M. de *Fontenelle* dit que le cerveau étoit visiblement affaissé. Mais il étoit bien simple de démontrer que cette observation n'est pas applicable au cas présent. Car cet homme mourut sur le champ, en se frappant violemment la tête contre le mur de la prison, où il étoit détenu ; & le sujet dont il est question a vécu 16 jours depuis celui où l'on suppose qu'il a été blessé mortellement.

Les Médecins de Dijon attestérent que

la petite vérole maligne avoit été la cause de la mort, & que les lividités qu'on a remarquées sur le cadavre, après l'exhumation, étoient une suite de cette maladie : ils combattent toutes les inductions qu'on pourroit tirer des raisonnemens contraires aux preuves qui motivent leur avis. Sa datte est du 27 Janvier 1757.

Les Maîtres en Chirurgie de Dijon donnérent aussi leur sentiment dans la contestation présente, le 5 Février suivant. Ils ont traité dans un plus grand détail la question chirurgicale concernant les plaies de tête ; comme les Médecins s'étoient plus étendus sur les symptômes de la petite vérole. On voit de part & d'autre, beaucoup de connoissances & d'érudition; & des Principes très-solides, dont l'application au cas particulier, éprouva néanmoins quelques contradictions, de la part de M. *Fournier*, Médecin à Dijon, dans une Consultation imprimée, & dattée du 1 Février 1757 : il me paroît d'autant plus nécessaire d'en exposer les principales réflexions, qu'elles établissent quelques vérités incontestables, entierement opposées aux motifs des décisions contraires. On a fait, selon M. *Fournier*, d'inutiles efforts pour opposer le phantôme de la petite vérole, & l'appareil imaginaire de ses symptômes, à la réalité des caufes de mort, établies par le rapport. L'Auteur fait l'énumération des fymptômes de cette maladie, d'après ce qu'en ont écrit les Praticiens les plus célèbres, tels que *Riviere, Sydenham, Hoffman*; il conclut que la perfonne n'a point eu la petite vérole. Il eft certain que toutes les confultations & avis contraires au rapport, fuppofent que cette maladie s'eft déclarée le jour même de la mort : les Médecins & Chirurgien ordinaires appellés pour donner du fecours au malade, ont été mandés à l'exhumation du corps faite par ordonnance du Juge, que fon miniftére oblige expreffément d'enjoindre qu'on fpécifie de quel genre de mort on eftime que la perfonne eft décédée. Le rapport ne fait aucune mention de la petite vérole. On fuppofe encore dans toutes les confultations, que la pourriture n'a pas dû permettre la diftinction des échymofes & des contufions : mais le rapport eft pofitif fur l'état d'intégrité des membres, hors des endroits contus ; il n'y a que fur les parties intérieures qu'on n'a point porté de jugement, parce qu'on les a trouvées corrompues par le laps du temps. M. *Fournier* eft frappé de la précifion, de la fidélité & de l'évidence du rapport, fait d'ailleurs par trois Médecins

& trois Chirurgiens, qui exercent depuis longtemps leur profession avec autant de succès que de probité. Ces considérations doivent avoir quelque poids. Dans les taches livides, noirâtres, qui paroissent sur la surface du corps, après les fièvres malignes & les petites véroles de mauvais caractère, les vaisseaux & la peau conservent leur continuité; ils sont gonflés & portés en dehors par l'action de la cause interne. La consultation de la Faculté de Paris regarde le cadavre d'un homme mort dans l'éruption de la petite vérole, comme celui d'un homme suffoqué, & dont les vaisseaux de toute la périphérie du corps, sont engorgés de sang. M. *Fournier* ne laisse point échapper cette assertion; & il demande pourquoi, au lieu du gonflement & de l'engorgement des vaisseaux, comme cause des taches livides, l'on a remarqué toutes les parties extérieures saines, excepté celles qui avoient été offensées par les coups, dont les vaisseaux étoient contus, mâchés, & brisés; parce que dans toutes les contusions, de quelque nature qu'elles soient, on trouve toujours les vaisseaux dans cet état: la meurtrissure est l'effet inséparable de la percussion; & il est certain que les taches & les éruptions exanthémateuses des fiévres malignes n'ont & ne peuvent avoir le caractére de contufions. M. *Fournier* dit à cette occafion que les Facultés de Médecine de Paris & de Montpellier feront en vain coigner les cadavres dans les biéres, ou féjourner dans les amphithéâtres d'anatomie; qu'elles ne parviendront jamais à produire des contufions & des échymofes femblables à celles qu'on a trouvées fur le corps exhumé. L'état des vaiffeaux, des fibres & des liqueurs étant totalement différent dans un vivant, de ce qu'il eft dans un cadavre, il eft phyfiquement impoffible que la percuffion n'y produife pas des effets différens. Les contufions avec échymofe faites fur le corps vivant ne reffemblent ni ne peuvent reffembler à l'effet des coups dont on auroit frappé un mort. L'immobilité générale des vaiffeaux, l'inertie abfolue de toutes les fibres, la ceffation totale de la circulation, & la congelation plus ou moins grande du fang & des humeurs, établiffent néceffairement des différences entre les effets de la percuffion faite fur un corps vivant ou fur un mort.

Les taches livides, pourprées, qui font les fuites de la petite vérole, avancent fi fort la putréfaction des cadavres, qu'on eft fouvent obligé de les enterrer, avant le court espace prescrit par les réglemens de Police, parce que la cause de ces maladies a déjà porté la gangrene & l'infection dans les parties solides & fluides du corps. La consultation des Chirurgiens de Paris marque bien expressément cette prompte disposition à la pourriture générale : M. *Fournier* admet ce principe, & il lui sert de fondement à diverses questions. Par quel événement, demande-t-il, le corps d'un homme qu'on suppose enlevé par une petite vérole des plus malignes, a-t-il été préservé de cette corruption constamment observée, & se trouve-t-il sain après 37 jours d'inhumation ; puisqu'il ne présente, après ce terme, d'autres lividités au dehors, que dans certaines parties lésées ? Cette intégrité générale des tégumens, cette conservation des parties extérieures du cadavre, attestée par le rapport, met, suivant l'Auteur du Mémoire, le comble à l'évidence, & suffit toute seule pour la conviction la plus complette & la plus assurée ; il est en effet démontré par l'expérience & par l'aveu de tous ceux qui ont écrit sur cette matiére, que la corruption s'empare d'abord de ceux qui sont morts par le venin de la petite vérole ou des fiévres malignes, & que la putréfaction y est d'autant plus rapide & universelle, que la maladie a été plus violente, & son effet plus prompt.

Dans plusieurs avis, l'on assure avec confiance qu'il n'y a point eu de contusion à la tête; parce qu'en 15 jours cette contusion se seroit terminée par suppuration. M. *Fournier* combat victorieusement cette proposition, & il s'étaie de l'autorité de M. *Vanswieten*, qui dans ses Commentaires sur l'Aphorisme 172 de *Boerrhaave*, dit expressément » que le sang » épanché dans les cavités du corps se pu- » tréfie assez promptement, mais qu'il » peut séjourner longtemps sans se cor- » rompre, s'il n'est point exposé à l'accès » de l'air; c'est ce que l'on voit après de » fortes contusions, dans lesquelles le » sang, sorti des vaisseaux rompus, & ré- » pandu sous la peau qui n'a point été en- » tamée, y demeure souvent un mois & » plus; & disparoît ensuite peu-à-peu, » sans qu'il en arrive aucun mal.

Tout ceci prouveroit assez que le corps exhumé auroit reçu des contusions dans la rixe qui a précédé la mort de quinze jours; & il est assez probable qu'un homme fort qui en désarme un autre d'une complexion assez foible, comme tous les Mémoires & instructions le disent positi-

obtenir la réfutation du Mémoire de M. *Fournier*. Au bout de huit jours les Médecins de Paris qui avoient signé la derniere consultation, en donnérent une en réponse, dans laquelle on rapporte des autorités sur les prompts & funestes effets de la petite vérole. On reproche aux Médecins qui ont signé le rapport, d'avoir décidé que les contusions avoient été faites par des instrumens contondans, comme bâtons, pierres & autres : c'est, dit-on, sans aucun fondement que M. *Fournier* prétend qu'il est très-aisé de distinguer des échymoses produites par des contusions, de celles qui sont causées par une dissolution putride du sang, à la suite des fiévres malignes ; on ajoute que cela est impossible, sur-tout sur un cadavre exposé depuis 37 jours au mouvement de putréfaction. Mais cette putréfaction générale n'est point un fait avéré. L'Auteur, fort mal traité d'ailleurs, essuye quelques chicanes de Grammaire sur un tour de phrase par lequel il a complimenté les Facultés de Médecine, dont il a pris la liberté de censurer l'avis ; c'est un petit avantage qu'on auroit pû sacrifier à l'objet important qui devoit fixer toute l'attention. Il suffisoit de dire, comme on l'a fait, que n'y ayant eu aucun des symptômes ordinaires aux plaies de tête, & ne s'étant trouvé à l'ouverture du crâne, aucune marque de rupture de vaisseaux, aucun épanchement de sang ni d'autres humeurs ; il étoit absurde de soutenir que les contusions aient été mortelles.

Une consultation de trois Médecins de la Faculté de Besançon & de trois Chirurgiens de la même Ville, soutient les mêmes principes en d'autres termes : on y cite des faits sur la petite vérole, dont les effets sont quelquefois aussi funestes que prompts, au point de ne pas laisser le tems de faire le moindre reméde. Ces Messieurs sont cependant persuadés que dans le cas particulier dont il s'agit, deux ou trois saignées du pied faites coup sur coup, auroient pû opérer une révulsion salutaire & dégager le cerveau où la matiére variolique s'étoit précipitée. Ce conseil donné pour le salut du malade, 17 mois après sa mort, aura paru sans doute déplacé, à ceux surtout qui pouvoient prendre l'avis pour un reproche.

Enfin le 5 Mars 1757, on répandit une longue dissertation composée par M. *Chardenon*, Médecin de Dijon, sous le titre d'examen & réfutation de la consultation de M. *Fournier*, son Confrére. Mais cette nouvelle Piéce fort chargée de Passages

Latins tirés des Auteurs de Médecine, & dans laquelle on impute à l'adversaire des principes faux, des conséquences absurdes, des contradictions choquantes, des fausses citations, des passages défigurés, tronqués ou mal entendus, cette Piéce, dis-je, ne put faire de nouvelles impressions sur l'esprit des Magistrats, puisqu'elle ne parut que le jour même qu'ils prononcérent l'Arrêt qui a jugé la cause, en renvoyant les deux jeunes Avocats de l'accusation contr'eux formée du prétendu assassinat.

J'ai crû que l'histoire abrégée de cette contestation pourroit être utile. Les attaques & les défenses qui se sont multipliées pendant le cours de la procédure, ont toutes été faites sous la direction des Médecins & des Chirurgiens. On voit par cet exemple combien il seroit à souhaiter qu'on prît de précautions, lorsqu'on fait des rapports, pour que les circonstances essentielles y fussent décrites d'une maniére aussi exacte que solide, afin qu'ils ne pussent jamais servir qu'au triomphe de la Vérité & de la Justice sans la moindre contradiction.

F I N.

www.ingramcontent.com/pod-product-compliance
Lightning Source LLC
Chambersburg PA
CBHW061014050426
42453CB00009B/1430